AF369724

BIBLIOTHEQUE

DE

CAMPAGNE.

BIBLIOTHEQUE

DE

CAMPAGNE,

OU

LES AMUSEMENS DU CŒUR

ET DE L'ESPRIT.

TOME IX.

A AMSTERDAM,

Et se trouve

A PARIS,

Chez la Veuve DUCHESNE, Libraire,
rue S. Jacques, au Temple du Goût.

LES
FILLES FEMMES,
ET LES
FEMMES-FILLES.
OU
LE MONDE CHANGÉ.

LES FILLES FEMMES,

ET LES

FEMMES FILLES,

OU

LE MONDE CHANGÉ:

Conte qui n'en est pas un,

Par M. SIMIEN.

LES QUINZE MINUTES,

OU

LE TEMPS BIEN EMPLOYÉ:

Conte d'un Quart-d'Heure.

✠

AU PARNASSE,

Par les Libraires Associés.

M. DCC. LI.

LES FILLES FEMMES
ET
LES FEMMES FILLES,
OU
LE MONDE CHANGÉ:

Conté qui n'en est pas un.

E Génie Fidéle régnoit dans l'Isle heureuse ; il avoit épousé la Fée Modeste : mariage de convenance. L'un & l'autre avoient les vertus de son sexe ; mais les bonnes qualités du Génie , quoiqu'elles fussent encore de mode, avoient le malheur des défauts ; elles bles-

A

ſoient au premier coup d'œil. Sa générofité paroiſſoit gauche , ſa probité ridicule , & ſa bonté dé-placée ; ſa ſincérité choquoit ſes amis , ſa fidélité déſoloit ſa fem-me , & ſon bon ſens ennuyoit toute ſa Cour.

La Fée étoit exactement ſage , parce qu'il étoit alors du bon ton de l'être ; mais elle murmuroit tout bas contre l'uſage. Sa ſageſſe étoit contrainte ; elle ne lui ſeïoit pas , & les connoiſſeurs liſoient dans ſes yeux battus , qu'elle en étoit fatiguée à mourir. Ce qui acheva de la lui rendre inſuppor-table , fut un événement ſingulier, qui la priva des ſeules douceurs qui pouvoient lui donner du goût pour elle.

Pour mettre le Lecteur au fait de cette époque intéreſſante, qui changea la face & les mœurs de la terre, j'en vais dévoiler la cauſe & l'origine à ſes yeux.

ORIGINE

DES MŒURS NOUVELLES.

L'Amour jaloux de ſon indé-pendance, & mortel ennemi de l'ordre, voulut briſer le joug de l'Hymen qui le tenoit aſſujetti, & n'être heureux que par lui-même. L'Hymen étoit alors le Dieu chéri du monde ; il fleuriſſoit ſur-tout dans le Royaume de Fidéle ; ſes Loix y faiſoient le bonheur du Prin-ce & des Sujets ; il l'avoit choiſi pour son siége. Ce fut là que l'Amour l'attaqua comme dans son centre.

Pour détruire son culte, il eut recours à l'artifice : il inspira le Génie Pervers, Esprit noir , qui faisoit le mal par goût , & qui nuisoit pour le plaisir de nuire. Ce cruel antagoniste de Fidéle jetta sur tous les maris de son Isle un sort, qui les rendit inutiles vis-à-vis de leurs femmes. Il souffla en même tems dans le sein des garçons & des filles le désir ardent de s'unir sans le secours de l'Hymen.

Le premier charme fit d'abord sentir sa malignité sur le Roi. Modeste en sourit la premiere : Hélas ! dit elle en pleurant, à la jeune Eglé sa parente & sa favorite, me voilà maintenant fille comme toi , ou plûtôt je suis veuve. Le Roi vit ; mais mon époux est mort. Pardon , Madame , je ne vous entends pas , répondit la maligne Eglé qui jouoit l'ingénue : comment ! votre mari seroit-il mort ? Il paroît se porter si bien ! Magnifique & trompeuse apparence ! s'écria douloureusement la Reine ; il est mort , te dis-je , je n'aurai jamais l'honneur de donner un héritier à la Couronne.

Toutes les Dames de sa Cour entrérent dans ce moment : c'étoit l'heure de sa toilette. Surprises de sa douleur , elles lui en demanderent la cause ; elle la leur apprit en sanglottant. Toutes lui répondirent qu'elles étoient dans le même cas , & se mirent à gémir à l'uniffon. Les femmes de la Ville qui avoient un pareil fujet d'affliction, pleurérent de concert, & celles de la Province heurlérent d'accord. La défolation entr'elles devint univerfelle, & toutes les époufes du Royaume formérent le plus beau chœur de larmes & de cris qu'on ait jamais entendu même dans Alcefte.

Chacune auroit bien voulu fe donner un Confolateur folide ; mais l'infidélité des femmes étoit punie de mort, & l'amour de la vie arrêtoit les plus intrépides.

Cependant l'Ifle dépériffoit chaque jour ; il mouroit nombre de citoyens, & perfonne ne naiffoit pour les remplacer. Miférable ! difoit la Reine pénétrée du malheur

de l'Etat, je n'aurai bientôt plus
de Sujets, & le Monde va finir !
Madame, repartit sa compatissan-
te cousine, mon zéle pour le bien
public, m'a fait faire une remar-
que judicieuse qui pourroit tout
réparer. Les Comédiennes du Roi
sont les seules qui ayent donné cette année des citoyens à l'Empire.
Celles qui sont mariées, il est vrai,
n'ont point eu cette gloire ; mais
en revanche celles qui ne le sont
pas, ont toutes eu le bonheur d'ê-
tre meres. Elles sont dans cette glorieuse habitude, interrompit la Fée,
l'Hymen leur a toujours porté malheur.

Madame, reprit Eglé, dans l'ex-
trémité où sont les choses, feroit-
on si mal de les imiter ? Je vous

entens , dit Modeſte ; vous ſeriez fille à vous ſacrifier généreuſement aux beſoins preſſans de la Patrie ! Hélas ! répondit-elle en ſe couvrant de ſon éventail, que ne feroit-on pas pour empêcher l'extinction du Royaume ? Vous êtes bonne citoyenne, répondit la Reine ; mais cet expédient adouciroit le malheur général , ſans ſoulager mes peines particuliéres.

Eglé n'étoit pas la ſeule fille qui eût ces héroïques ſentimens. Le premier ſortilége de Pervers avoit agi ſi puiſſamment ſur le corps de toutes les vierges , que les trois quarts ne l'étoient déja plus. Ce pernicieux Génie avoit augmenté en elles le goût du plaiſir ; & pour les y faire ſuccomber plus vîte , il

avoit infpiré à tous, les garçons
l'art de les féduire en compagnie ,
& l'audace de les attaquer tête-à-
tête.

La pudeur qui régnoit alors en
Souveraine étoit une ennemie redoutable qu'il falloit combattre :
mais plus fon frein retenoit l'ardeur du beau fexe , plus ils fe firent un point d'honneur de l'en
affranchir. La difficulté irritoit
leurs défirs ; la gloire d'en venir à
bout flattoit d'autant plus leur
amour propre , que dans le bonheur public ils devoient trouver
leur difficulté fuprême. Preffés d'un
fi noble aiguillon , ils affiégérent la
Place avec tant de valeur & tant
d'artifice , qu'ils parvinrent à la
forcer. Dans ces délicieux momens,

Ils formérent des chaînes d'autant plus douces, qu'elles furent l'ouvrage seul de l'Amour, & qu'elles les rendirent heureux fans engager leur liberté : mal nécessaire qui fit le bien de l'Etat !

Ces unions charmantes l'enrichirent d'une foule de Sujets. Ils étoient tous beaux comme l'Amour. On voyoit bien qu'il avoit présidé à leur naissance : c'étoit là son chef-d'œuvre ; chacun s'empressa de les adopter. Un si brillant succès augmenta l'émulation des filles : toutes à l'envi se disputérent sécrétement à qui feroit le plus de nouveaux dons à l'Empire ; & par une singularité bizarre, il n'y eut plus de vierges que les nouvelles mariées. Ainsi les filles devenues le soutien du Monde, s'applaudirent tout bas d'être femmes fans en avoir les charges ; & les femmes fe plaigni- rent encore plus haut de fe voir filles, fans en avoir les prérogati- ves.

Des plaintes, elles pafférent aux murmures, & des murmures à la révolte. O fiécle ! ô mœurs ! s'é- crioient elles, tout eft renverfé : les filles auront donc feules le pri- vilége de s'unir au premier venu? & nous malheureufes, nous qui avons le droit exclufif de peupler l'Etat, nous ferons durement con- damnées fous peine de la vie à être fidelles à nos maris ! & à quels maris encore? Serons-nous forcées de garder une virginité d'autant plus pénible qu'elle eft éternelle?

Non , non : ce partage est trop in-
juste : nous voulons toutes rompre
une chaîne stérile qui nous lie sans
nous unir. L'équité veut qu'elles
se marient à leur tour. Qu'elles
prennent donc notre place , & nous
prendrons la leur. Les maris qui y
trouvoient leur compte , pressoient
aussi la rupture ; mais les garçons
gagnoient trop au célibat pour vou-
loir en sortir. Tous refusoient de
subir le joug d'un mariage qui n'en
étoit plus que la figure , & qui gê-
noit la volonté sans satisfaire le désir.

Une si cruelle dissension forma
dans tout le Royaume deux Partis
qui le divisérent. Celui des femmes,
qui étoient furieuses , l'auroit em-
porté ; mais celui des maris qui les

ſoutenoient d'abord , lâchérent bientôt le pié , & les abandonné-rent. Comme la Loi étoit moins ſévére pour eux , & que leur tra-hiſon plus difficile à prouver , ne déshonoroit que ceux qui n'a-voient pas l'art de la cacher , tou-tes réfléxions faites , ils ne voulu-rent plus changer d'état. Pour en adoucir l'amertume , ils eurent des maîtreſſes ; mais afin de ſe mettre à l'abri du blâme , ils les eurent en ſécret : & pour les voir avec plus de myſtére , ils imaginérent les Petites Maiſons : azile charmant , bâti par le Goût , & conſacré au Plaiſir : tombeau délicieux , où ils s'enterroient vivans avec elles , pour mieux jouir de la vie !

De tous les époux , Fidéle l'étoit lui feul à fa femme ; il réfiftoit au torrent : mais Modeste dont les befoins ne l'étoient pas, ne pouvoit fe payer d'une conftance infructueufe ; fon amour demandoit une nourriture plus folide. Faute d'alimens, il mouroit de langueur; elle-même féchoit fur pié. Le Roi en étoit défefpéré ; il redoubloit d'attentions & de tendreffe. Complaifance perdue ! Il avoit beau lui donner tous les jours de nouvelles fêtes, lui faire mille jolis contes, inventer mille petits jeux pour tâcher de la diftraire ; elle n'aimoit pas les jeux d'enfans ; & par malheur le Roi n'étoit pas en état de faire fa partie.

Un jour qu'il lui baifoit la main plus tendrement qu'à l'ordinaire,

impatientée de ses caresses , elle lui
dit avec dépit : Finissez , tout cela
ne méne à rien ; il me vient une
envie que vous pouvez mieux satisfaire. Parlez , lui répondit-il , ido-
le de mon cœur , lumiére de ma
vie , quoi que vous demandiez ,
s'il dépend de moi , soyez sûre de
l'obtenir. Eh bien ! reprit-elle , le
jeûne Mirza a le plus beau chat de
notre Isle ; vous sçavez l'attache-
ment singulier que j'ai pour cette
espéce ; allez , courez le lui deman-
der de ma part. Qu'il me le donne,
il amusera mon loisir , il dissipera
mon chagrin , du moins pour la
journée. A ces mots , Fidéle part ,
& vole chez Mirza.

Quoique la Reine eût un goût
marqué pour les matous , elle en

avoit encore un plus décidé pour les Petits-Maîtres. Mirza avoit tout ce qui pouvoit lui mériter ce titre. Il joignoit à toutes les graces de la figure tous les travers de l'esprit & tous les défauts du cœur. Il étoit étourdi, indiscret, avantageux, railleur, médisant jusqu'à la calomnie, impertinent, & fat à se faire jetter par les fenêtres. Mais comme il vivoit dans des tems reculés, & dans une Cour sensée où ces brillantes qualités n'étoient pas encore à la mode, qu'il étoit ridicule & même dangereux de les faire paroître, il avoit l'art de les déguiser en public sous un faux air de modestie ; ce n'étoit qu'en particulier qu'il leur donnoit l'essor.

Modeste qui avoit le coup d'œil fin,

fin, l'avoit démêlé. Son cœur s'é-
toit laissé prendre à l'éclat de ses
dehors, & elle n'avoit demandé
son chat que pour se ménager un
prétexte de le voir & de l'entretenir lui-même ; mais le Roi revint
seul chargé du précieux matou, &
le présenta à sa femme. Elle le re-
poussa de colére, en lui disant : allez, je n'en veux plus ; la fantaisie
m'en est passée. Je ne conçois rien
à ce procédé, reprit Fidéle : c'est
que vous ne sentez rien, répliqua-t-elle, vous êtes un mal-adroit.
Mais, interrompit-il, ne vous ai-je
pas apporté le chat que vous aimez ? Oui : mais Mirza, dit-elle ?
Eh ! c'est celui de Mirza, reprit-il.
Ah ! quel esprit bouché ! quel génie épais ! s'écria alors la Reine ;

B

vous m'excédez , remportez ce chat , remportez-le , vous dis-je, & fortez; j'ai de l'humeur, je veux être feule. . . . Non, donnez-le moi ; je veux le garder à préfent ; retirez-vous fans lui : bête pour bête, j'aime mieux fa compagnie que la vôtre.

Le compliment eft poli , & la préférence flateufe , dit le Roi en s'en allant & hauffant les épaules. Il auroit volontiers éclaté ; mais comme il adoroit la Reine , qu'il avoit un tort confidérable vis-à-vis d'elle , & qu'il ne pouvoit le réparer , il excufa fon caprice , & fila doux. Un mari qui n'en peut remplir les auguftes devoirs , perd toute fa dignité , & n'eft plus que le premier efclave de fa femme. Il fut s'ennuyer à la Comédie , pour fe diffiper.

Modeste après avoir caressé le chat de Mirza , on devine à quelle intention , fut promener ses rêveries dans le Parc du Château. Elle laissa Eglé dans son appartement. La friponne qui aimoit le Roi , sûre qu'il ne tiendroit pas longtems ailleurs , & qu'il reviendroit bien vîte chez la Reine , saisit ce moment pour lui tendre un piége adroit, dont sa tendresse prétendoit recueillir le fruit. Elle se mit en simple corset , & en jupon de basin fort léger. On étoit au fort de l'été ; ensuite elle se jetta sur un lit de repos dans une attitude que l'Amour prit soin d'arranger lui-même , de façon à donner de l'audace au plus timide , & à favoriser le plus mal-adroit.

Fidéle las de bâiller au spectacle , rentra une demie heure après , comme elle l'avoit prévû. La maligne coquette fit semblant de dormir ; les rideaux des fenêtres étoient tirés , & la clarté voilée ne formoit qu'un demi-jour. Le Roi la prit pour sa femme ; il approcha tout doucement & cueillit un baiser sur sa bouche. O surprise agréable ! A peine eut-il touché le corail de ses lévres , qu'il se sentit renaître. O Ciel ! dit-il tout bas , transporté de joye , le charme est rompu ; je te rends graces d'un bienfait si précieux. Plein de sa premiére valeur , il l'exerce en conquérant , mais dans le silence. Eglé de son côté bénit les Dieux d'une erreur dont elle profite en jouant toujours le

fommeil, & ne répond à fes ca-
reffes que par des foupirs & par
des mouvemens involontaires ,
mais plus expreffifs que toutes les
paroles. Jamais amour muet ne fut
plus éloquent de part & d'autre.
Fidéle fans parler prouva fa flamme
pour la dixiéme fois.

A ce grand coup de génie, Eglé
ne peut plus tenir ; elle ouvre les
yeux , & paroît s'éveiller. Eh bien !
Reine de mes défirs, dit-il d'un air
triomphant , ai-je bien réparé tous
mes torts , & me pardonnez-vous
le paffé ? Oui , Roi de mes vœux ,
j'en ai préfentement dix raifons
pour une, repartit la fauffe Modefte en contrefaifant fa voix ; mais
elle eut beau la déguifer , il la re-
connut, & du comble du raviffe-

ment il tomba dans la derniere
consternation. Ah ! malicieuse
Eglé, s'écria-t-il, deviez-vous dormir pour me rendre infidéle ? C'est
un tour sanglant, oui des plus san-
glans. Plaignez-vous , Seigneur,
en rajustant sa coëffure , & lui lan-
çant un regard malin : au lieu de la
Reine qui est belle à la vérité, mais
qui a vingt-six ans passés , vos bien-
faits ont rencontré une jeune Fée ,
qui n'en a que dix-sept; la méprise est
cruelle ! Voilà, Mademoiselle , un
langage bien décidé pour votre
âge , répondit le Roi scandalisé.
Seigneur , répliqua-t-elle , l'esprit
d'une Fée est précoce, il ne faut
qu'une leçon pour l'éclairer ; &
graces à vos bontés , j'attens la on-
ziéme. Oh ! ne l'attendez pas de

moi, reprit-il, je ne vous ai que trop instruite ; j'en pleure de honte & de regret.

Eh ! bon, dit-elle, vous faites l'enfant ! mais je vous excuse : tout bien considéré, vous êtes un amant à ménager. Vous n'êtes pas brillant ; mais vous êtes bon, essentiellement bon, & vous faites les choses.... en Prince, n'est ce pas ? Oh ! beaucoup mieux ; vous les faites en roturier. Ah ! finissez, Eglé, vos louanges me font rougir ; elles me reprochent mon infidélité. Prince, consolez-vous, ce n'est qu'une méprise ; elle est même glorieuse pour votre épouse. Plus vous avez été magnifique envers moi, plus elle vous doit de remerciemens, puisque vous avez cru ver-

ser toutes vos générosités sur elle.
Je doute, interrompit le Roi, qu'elle trouvât bon que je fusse souvent
libéral de cette maniére : quoi qu'il
en soit, taisez-vous sur cette fatale
avanture pour votre gloire & pour
la mienne ; je mourrois de douleur,
si ma femme la sçavoit.

Elle la sçait, s'écria la Reine,
qui étoit rentrée par un escalier
dérobé, & qui venoit de les enten-
dre. Eglé n'en fut qu'à demi dé-
concertée ; mais le Roi fut pétrifié par sa présence. Seigneur, pour-
suivit Modeste d'un ton piqué,
vous m'êtes joliment fidéle. Je le
suis en effet, malgré les apparen-
ces, répliqua-t'il, en se précipitant
à ses genoux ; pardonnez-moi mon
crime ; il n'est qu'une erreur : trom-

pé

pé par un faux jour . . . . . Oui , interrompit-elle avec vivacité , trompé par un faux jour , s'il faut vous en croire , vous avez pris Eglé pour moi ; ma vanité doit même vous en être obligée , mais je ne suis pas Fée à vous tenir compte d'une magnificence que vous avez cru me faire , & qu'une autre a reçue.

Pour réparer cette méprise , répliqua le Génie suppliant , cette nuit je vous promets. . . . Vaine promesse , repartit la Reine : levez-vous , Prince ; vous dissipez trop le jour , pour être libéral la nuit. Non , non , je tiendrai parole , le charme est rompu , & celui de vos yeux est si puissant..... Ah ! fi : vous jouez sur le mot ,

C

pour m'honorer d'une fadeur ; Seigneur , vous êtes cent fois plus
éloquent , quand vous ne dites
rien ; demandez à la sage Eglé ;
personne n'est plus au fait de votre silence , & n'en sent mieux le
prix. Plus je la considére , & plus
je la trouve charmante ; sa coëffure est un peu chiffonée ; mais
ce négligé lui sied : elle en est embellie : Excusez , dit Eglé en bais-
sant la vue , mais il a fait aujour-
d'hui une chaleur si vive .... Oh !
très-vive , répondit malignement
la Reine : & ce lit en désordre ? ...
il est vrai , je m'y suis reposée. Quel
repos , Mademoiselle ? il a tourné
à votre profit ; vous êtes née coëf-
fée ; les biens vous viennent en
dormant.

Bon, reprit la Coquette en riant, ce n'eſt-là qu'un rêve : qui eſt une réalité, ajouta la Reine en colére ; c'eſt un vol..... Ah ! Madame, pouvez-vous appeller un vol, le profit que j'ai fait d'un bien qui vous étoit inutile ? J'y ai d'ailleurs été portée par un motif ſi noble, qu'il doit être mon excuſe. Eh ! par quel motif, s'il vous plaît ? Pour ſervir l'Etat, Madame, & pour lui donner un héritier. Oh ! je n'ai plus rien à dire ; rien n'eſt plus héroïque ; je ne m'étonne plus du propos que vous m'avez tenu l'autre jour : l'amour du bien public vous tranſporte ; & pour vous en récompenſer dignement, je veux changer mon état contre le vôtre, & vous marier tout à l'heuze, C'eſt donc avec le Roi , Madame , pour légitimer l'enfant dont je dois être mere ? Oui , Mademoiſelle , avec le Roi lui-même ; je prendrai ma revanche.

Arrêtez , s'écria Fidelle , ſongez que vous allez perdre la grandeur... N'importe , interrompit elle : ſi je perds la grandeur , j'en ſerai dédommagée par le plaiſir : l'un vaut bien l'autre. Oh ! vous pouyez réunir les deux , reprit le Roi ; j'ai vaincu le ſortilége ; je vous l'ai déja dit , & je brûle de vous le prouver. Nous verrons cette nuit, ſi vous êtes Génie de parole : commençons toujours par donner un mari à ma vertueuſe couſine. Non, j'aime mieux reſter fille , dit alors Eglé. La charmante Fille , repartit la Reine ! Puisque vous le prenez sur ce ton , vous prendrez à l'instant un époux de ma main , ou vous serez enfermée pour ne plus voir le jour : toute fille qu'on surprend avec un Génie marié , y est condamnée par la Loi , & vous la subirez ; je vous en donne ma parole de Reine.

Dans une si cruelle alternative , Eglé prit le sage parti d'obéir à sa Souveraine , & préféra un mari , quel qu'il fût , à une prison éternelle.

Modeste pour la mieux punir , voulut l'unir à Barbarin , vieux Gnôme aussi cruel que jaloux ; mais le Roi lui représenta qu'Eglé étoit sa plus proche parente , & la première Fée de sa Cour , que

celui qui l'épouferoit devoit remplir de droit la charge de fon premier Menin , qui étoit alors va-
cante , & qui donnoit le privilége
unique d'entrer chez elle fans être
annoncé à toutes les heures du
jour , & même de la nuit ; qu'elle
devoit par conféquent faire choix
pour l'occuper , d'un Génie de la
race noble des Silphes , & qui lui
fût furtout agréable.

Cette derniére réfolution changea la réfolution de la Reine , &
la détermina à choifir Mirza , qui
entra dans ce moment ; & qui étoit
fans contredit le premier des Silphes par fa légéreté. Il étoit trop
fin courtifan pour refufer cette of-
fre : il l'accepta d'autant plus volontiers , qu'il étoit épris des char-

mes de la Reine ; & pour posséder une charge qui l'approchoit d'elle, il n'y avoit rien qu'il n'eût épousé.

Son hymen avec Eglé se fit sur le champ, mais sans cérémonie. La situation présente ne permettoit pas qu'il fût conclu avec solemnité ; le jeu d'ailleurs n'en eut pas vallu la chandelle. Le charme opéra sur Mirza, comme sur les autres ; & la nouvelle mariée se seroit levée fille le lendemain, si elle se fût couchée vierge. La veille elle y avoit mis bon ordre ; la prospérité de la soirée l'avoit consolée d'avance de l'infortune de la nuit. Que d'Eglées aujourd'hui s'arrangent la veille de leur mariage, pour n'être pas la dupe du jour !

Fidelle cependant, qui faisoit lire

à part depuis sa disgrace , fut coucher avec Modeste , plein du noble espoir de la réparer : mais attente trompeuse ! audace mal soutenue ! promesse cruellement démentie ! Vingt fois il tenta l'entreprise , & vingt fois il échoua. La Reine s'y prêta d'abord avec toute la complaisance d'une Sujette ; mais à la fin , excédée d'avoir compromis sa dignité , elle le chassa honteusement , & voulut , dès qu'il fut jour , se mettre à la tête de toutes les rébelles.

Le Roi la supplia avec toute l'humilité qui convenoit à son état, qu'elle lui permît auparavant d'envoyer consulter l'Oracle au Temple de l'Amour , qui pourroit mettre fin à cette calamité. Elle y con-

fentit avec peine , & ne lui accor-
da que deux jours de délai.

Il n'y avoit pas de tems à perdre ;
le Temple étoit à foixante lieues
de la Cour , dans une Campagne
ifolée. Le Roi dépêcha Fend-l'air,
Silphe des plus légers , & fon premier Courier. Il fut, en attendant
fon retour s'enfermer feul au fond
de fon Palais. Là il s'abandonna à
la douleur la plus amére.

Hélas ! s'écria-t-il , en répan-
dant un torrent de larmes ; (car
il étoit auffi grand pleureur qu'E-
née , mais beaucoup meilleur mari ,) Hélas ! tout bien examiné ,
je ne puis condamner mon époufe ; elle fe plaint avec juftice : la
caufe des femmes eft la bonne
caufe ; c'eft celle de l'ordre , c'eft

celle des mœurs : les Filles ufur-
pent leurs droits, le vice eft tout-
puiffant, la vertu eft ftérile. Si le
Ciel n'y met ordre, c'en eft fait,
le mariage va tomber ; on ne verra
plus d'enfans légitimes ; l'Univers
entier va devenir bâtard.

Fend-l'air fit tant de diligence,
qu'il revint le lendemain au foir,
& qu'il lui apporta deux Oracles
au lieu d'un. Le Roi affembla fur
le champ le confeil des maris, &
fit lire tout haut ces Oracles par fon
Chancelier.

Le premier le regardoit perfon-
nellement ; il étoit conçu dans ces
termes : *Qu'on rende au Roi ce
qu'il a prêté ; la Reine y gagnera,
& lui-même auffi.* Cet Oracle en
fut véritablement un pour toute
l'Affemblée.

(35)

Le second intéressoit tous les Sujets ; il parut un peu plus intelli-
gible. Voici comme il étoit exprimé : *Que chacun ait une femme
pour être celle d'un autre, & tout
rentrera dans l'ordre : telle est la
volonté de l'Amour.*

Plusieurs maris, dont l'esprit su-
périeur trouvoit obscur ce qui étoit
clair, vouloient que ces paroles
fussent ambigues ; mais le Roi,
dont le génie moins élevé trouvoit
clair ce qui n'étoit pas obscur, dit
que le sens de cet Oracle étoit lu-
mineux, qu'il vouloit qu'il fût accompli à la lettre, à commencer
par lui-même, & qu'il prétendoit
en conséquence abroger la loi qui
punissoit de mort l'infidélité des
femmes, & faire publier un Edit

plus doux en leur faveur. Le Corps des maris fut-forcé d'y foufcrire tout haut, & fe fépara en enrageant tout bas.

LE PRÉTE' RENDU,

Premier Oracle accompli.

AU fortir du Confeil, le Roi paffa chez la Reine, pour l'inftruire de cet arrangement. Il la trouva endormie fur le même lit de repos où l'ingenue Eglé l'avoit fi joliment trompé. Il fut s'affeoir dans un fauteuil à côté d'elle, attendant en mari difcret l'heure de fon réveil, faute de pouvoir mieux faire. Comme le refpect étoit fon partage, il fe borna d'abord à

contempler ſes charmes à la lueur
des bougies qui éclairoient l'appartement ; car il étoit onze heures
du ſoir. Il vit des pleurs couler de
ſes belles paupiéres le long de ſes
joues incarnates , & tomber ſur
une gorge ſi blanche & ſi potelée ,
qu'elle auroit donné de l'appétit à
tout homme qui auroit pû man-
ger.

Ces larmes étoient ſi douces, que
Modeſte en étoit embellie. Elles
avoient gravé ſur ſes traits l'em-
preinte de la volupté , plûtôt que
celle de la douleur : auſſi étoient-
elles le fruit d'un ſonge agréable.
La Reine rêvoit dans cet inſtant,
que Mirza la mettoit au comble du
bonheur. Fidelle la trouva ſi tou-
chante, qu'oubliant la réſerve qui

lui convenoit , il ne put s'empêcher de l'embraſſer tendrement.

Modeſte , ſans s'éveiller , lui rendit careſſe pour careſſe , & le tenant étroitement lié : cher objet de ma flâme , s'écria-t'elle , pleine de la voluptueuſe illuſion où ſes ſens étoient plongés , (par parenthéſe elle parloit ſouvent tout haut en dormant) vanges-moi d'un Epoux inutile...... Oui , oui , cher Mirza , tu remplis mes déſirs. Ah ! que la vengeance eſt délicieuſe ? c'eſt le plaiſir des Dieux. Jugez de la ſurpriſe du Roi ! A ces douces paroles , les cornes lui en vinrent à la tête , & c'eſt de-là qu'eſt né le proverbe. Il ſe démêla des bras de ſa femme , comme des griffes d'un tigre , & ſortit bruſquement ſans sçavoir où il portoit ses pas.

Cependant Mirza avoit tout entendu. Silphe du premier ordre, il avoit le don des métamorphoses; & premier Menin de la Reine, il avoit droit de l'approcher à toute heure. Ayant vû entrer son mari dans sa chambre, il s'y étoit introduit sous la figure de son chat. Dès qu'il vit le Roi dehors, il sauta lestement sur le lit de repos, & s'étendit doucement sur le sein de la Reine. Elle s'éveilla, & toute remplie encore de l'image de Mirza, elle lui fit mille caresses. Ah! dit-elle, en le baisant, que n'es-tu dans ce moment le beau Mirza que j'adore? A peine eut-elle proféré ces mots, que le chat disparut, & que Mirza s'offrit à ses yeux

sous sa propre figure. Délicieuse
surprise pour elle ! Heureuse audace que l'amour applaudit. Elle
n'eut garde de l'en gronder ; les
momens étoient trop chéres pour
les perdre en minauderies ; ils é-
toient tous dûs au plaisir ; ils lui
furent tous consacrés : aucun n'y
fut employé en mots inutiles ; jamais jouissance ne fut plus rapide,
ni mieux amenée , ni plus soutenue. Le brave Mirza combattit ,
& triompha avec d'autant plus de
valeur, qu'il n'avoit point dissipé
ses forces en vaines escarmouches.

Tous deux étoient au fort de la
mêlée , quand le Roi parcourant
comme un fol tous les étages du
Palais , se donna contre une porte
un si furieux coup au milieu du
front ,

front, qu'il s'y fit deux boſſes énor-
mes. La douleur qu'il en reſſentit
l'obligea d'entrer chez la Reine
pour y mettre de l'eau de boule.
Que vit il ? Quel ſpectacle pour les
yeux d'un mari, qui adore ſa femme ! Dans un premier tranſport, il
voulut les immoler tous deux à ſa
rage ; mais il fit attention qu'ils
étoient immortels, & que l'éclat
feroit auſſi vain que deshonorant.
L'Oracle qui lui revint dans l'eſprit contribua encore à le retenir.
Eclairé par cette fatale vue, Fidelle comprit qu'il s'accompliſſoit,
& que Mirza ne faiſoit que lui
rendre ce qu'il lui avoit prêté.
Comme il étoit Prince généreux,
il ne vouloit pas être en reſte avec
ſon Sujet ; & laiſſant Mirza aux

D

prises avec Modeste , il fut s'y re-
mettre avec Eglé , & perfection-
ner par vengeance l'ouvrage qu'il
avoit commencé par méprise.

LA CONVERSATION
SOUTENUE JUSQU'AU
POINT DU JOUR.

Accomplissement du second Oracle.

E Glé aussi charmée , qu'éton-
née de la présence du Génie ,
lui demanda qui l'amenoit si tard?
Deux guides admirables , répondit
le Roi ; la vengeance & l'amour.
Tout à l'heure je viens de voir ,
mais en époux qui sçait vivre ;
sans les déranger je viens de voir
votre mari en conversation réglée

avec une femme fur ce charmant lit de repos , où je vous parlai hier dans le même goût , en croyant m'adreſſer à elle. Il vous trahit , elle m'offenſe ; vous m'aimez ; je vous aime ; double raiſon de renouer enſemble l'entretien ! c'eſt-là ce qui me conduit ; le leur eſt des plus vifs ; que le nôtre ſoit de même.

Prince, répliqua-t-elle , je devrois me taire par dépit ; mais vous me prenez dans un inſtant où je me ſens une démangeaiſon de cauſer prodigieuſe ; elle va juſqu'au beſoin : c'eſt une réplétion de paroles qui m'étouffe. Dans l'impatience où elle étoit de converſer , elle engagea le dialogue la premiére. Comme elle étoit forte pour la repartie, elle ne tariſſoit pas. Si le Roi diſoit un mot, elle en répondoit ſix. La converſation s'échauffa, & ſe ſoutint juſqu'à la pointe du jour.

Après le dixiéme entretien, le Roi jugea à propos de prendre congé. Quoi ! dit-elle, vous me quittez déja ? Ce n'eſt que dix, au moins ! mais j'ai tort ; c'eſt votre nombre favori : moi, je ſuis pour le nombre impair, & je trouve, tout bien ſupputé, que onze va-lent mieux que dix. Perſuadé d'un calcul ſi juſte, il voulut bien lui parler encore une fois. C'eſt tout au mieux, reprit-elle ; cependant pour faire un compte rond, ſi vous vouliez achever la douzaine? ce n'eſt qu'un propos de plus. Oh ,

oh ! répliqua-t-il , quelle caufeu-
fe ! votre babil eft infatiable.
Quand j'en ferois à douze , vous
vous demanderiez le treiziéme !
cela ne finiroit pas ; j'ai tant caufé
que j'en ai le gozier fec. Adieu ,
jufqu'au revoir , mon Ange : pour
le préfent , je n'ai plus rien à dire ;
une autre fois nous babillerons fur
nouveaux frais.

Comme il fortoit de chez elle ,
il rencontra fon mari fur l'efcalier.
Ah ! Seigneur , lui dit Mirza fur-
pris , vous êtes bien matinal ? Oui :
comme toi , repartit Fidelle , & par
la même raifon ; je t'ai vû , tu me
vois , tout eft dit : par ces mots
ma femme eft la tienne .... & la
mienne eft la vôtre , ajouta l'époux
d'Eglé. Nous voilà quitte à quitte ,

reprit le Roi ; l'un & l'autre Oracle s'accomplit , nous venons de donner le ton à tout le Royaume ; il eſt juſte qu'il ſoit ſuivi. Oui , voilà le bon ton , repliqua Mirza ; pour moi, Seigneur , loin d'en être affligé , vrai , d'honneur , j'en ſuis ravi , comblé.

Voilà le bon eſprit , répondit le Génie, je t'ai toujours connu tranſcendant dans les grandes occaſions, & ſurtout dégagé des préjugés populaires. Prince*, pourſuivit Mirza, tous ces petits préjugés ne ſont faits que pour captiver les groſſiers Mortels ; mais des Etres d'une nature ſupérieure, des Génies, des Eſprits tels que nous , doivent en être les maîtres, & non pas les eſclaves ; en mon particulier vos vi-

sites m'honorent à quelque heure
que vous les fassiez à ma femme,
& je vais l'en trouver plus belle ;
un mêts où mon Prince a touché
m'en paroît meilleur , & j'en ai
toujours mangé par préférence.
Oh, Mirza ! tu es à cet égard aussi
petit mangeur que moi, & tu par-
les en Courtisan. Non , Seigneur ,
je suis vrai, je n'exagére point ; je
compte y avoir gagné.

Et moi aussi, deux bosses au front,
& la Reine un héritier de ta façon ,
qu'elle mettra sur mon compte.
Voilà mon Oracle particulier rempli dans toutes ses circonstances :
l'Amour en soit loué ; ma femme
en sera plus raisonnable, & moi plus
tranquille : tantôt quand j'aurai re-
posé, je ferai publier l'autre Ora-

ele à son de trompe , & afficher à
chaque coin de rue un Edit qui
rendra la paix à tout le Royaume :
adieu , bon jour , je dors debout,
& tu bâilles tout-bas ; vas te coucher , j'en vais faire autant ; nous
en avons tous deux besoin.

Le Roi dormit jusqu'à deux heures après midi , & dès qu'il fut levé , il rendit public l'Oracle , avec
l'Edit qui permettoit à toutes les
femmes de s'arranger conformé-
ment aux termes de cet Oracle ,
en observant toutefois les bienséan-
ces qu'exigeoit la chose. Le même
Edit enjoignoit aux maris de s'y
prêter de bonne grace , de se pour-
voir ailleurs , & de restituer scru-
puleusement à leurs voisins tout ce
qu'ils en auroient reçu. Pour la

facilité

facilité du commerce , & la circulation de l'espéce. Il défendoit à toute fille nubile de former les nœuds clandestins d'un hymen prohibé , sous peine d'être mise honteusement au rang des femmes publiques , & à tout garçon de l'y engager sous peine d'être poursuivi comme suborneur. Il ordonnoit aux uns & aux autres de rentrer dans l'ordre, & de subir le joug commun du mariage autorisé ; faute de quoi, il les déclaroit mauvais Sujets , citoyens inutiles , & même pernicieux à l'Etat.

Un Edit si sage fut généralement approuvé des deux séxes , & remit le calme dans tous les Corps du Royaume ; le célibat perdit sa vogue ; l'hymen qui en eut à son tour toutes les graces , sans en avoir les défagrémens , refleurit plus que jamais ; son joug souple & léger ne forma plus un esclavage gênant ; on le regarda comme un abri commode. La Beauté qui le porta ne fut plus le tréfor d'un feul ; elle devint un bien commun à la Société , & fait pour y circuler à l'avantage du plus grand nombre. Par là, l'Amour fut fatisfait , le fortilége fut détruit , & tout reprit vigueur , jufqu'aux époux fexagénaires Les femmes furent d'une joye , qui les rendit cent fois plus piquantes aux yeux même de leurs maris, & les maris furent d'une complaifance qui les fit paroître adorables à leurs femmes.

Le Roi & la Reine furent d'au-

tant plus contens , qu'ils s'en aimé-
rent la moitié moins. Il coucha
deux fois avec elle par singularité;
deux jours après il refit lit à part.
Par bienséance la Fée ne lui en fit
que meilleur visage; son absence
étoit un vuide, que l'assiduité de Mirza remplissoit heureusement. Modeste ne s'en tint pas à ce Favori : sa
bonté s'étendit sur tous les Officiers
de sa Cour. Supérieure aux bien-
séances , elle brava tous les égards,
justifia ses vices par des travers, com-
bla ses travers par des ridicules ; &
par une révolution aussi prompte
qu'extrême, de prude parfaite , elle
parvint à la gloire d'être ce qu'on
appelle une Petite Maîtresse accomplie : contraire en ce point aux
autres femmes , qui commencent

par être coquettes, & finiſſent par
être prudes.

Le Génie piqué d'une noble é-
mulation, ſe montra fidéle au même point qu'elle étoit modeſte ; il
ne ſe contenta pas d'être Prince à
bonnes fortunes ; il en fit gloire,
il l'afficha, il diſputa avec Mirza
d'impertinence, troqua ſes vertus
contre des défauts ; & né pour
primer en mal comme en bien, il
devint le premier fat de ſon Roïau-
me. Pour ſe revêtir d'une fierté
guindée, qui ſent toujours la tyrannie, il ſe dépouilla de cette noble ſimplicité qui ſied ſi bien aux
Rois, & dont il avoit un ſi beau
modéle dans ſon allié le Génie
Bien-Aimé, Souverain de l'Iſle-
Franche, plus grand par ſa bonté

modeste que par l'éclat de ses vic-
toires. Héros de la Paix à juste titre, les Arts & les talens brilloient
dans sa Cour ; ils étoient favorisés
par la Fée aussi bonne que belle ,
qui les réunissoit aux graces qu'elle
possédoit.

Ce qu'il y eut de singulier ; par
un prestige qui fascina tous les
yeux , & dont Pervers fut sans
doute l'auteur , l'impertinence de
Fidéle prit généralement. Il plut
par ses travers : on avoit sifflé ses
bonnes qualités ; on applaudit ses
mauvaises : tout son Royaume l'i-
mita ; on parla jargon, on fut mauvais plaisant , on persiffla ; l'esprit
étouffa le sentiment, le bon sens
eut le sort de la vertu , le faux
goût le poignarda.

Cependant Fidéle voltigea tant de Sujette en Sujette, qu'il parcourut tout le cercle de son Empire, & que par un mouvement nécessaire, il rétrograda, & se trouva ramené au premier objet qui avoit eu son hommage. Eglé l'engagea de nouveau; il se renflamma pour elle, au point qu'elle le fixa & qu'il en devint jaloux, mais jaloux jusqu'à la rage. Il lui fit bâtir un Palais superbe, où il lui donna des Gardes. Ce brillant édifice devint pour elle une magnifique, mais étroite prison. Il fut expressément défendu à tout Sujet, & singuliérement à Mirza son mari, d'oser y pénétrer, sous les plus rudes peines. Cette rigoureuse défense dissipa la froideur de ces deux époux :

à peine se voyoient-ils une fois le mois. Dès qu'il ne leur fut plus permis de se parler, ils s'aimerent éperdûment, & brûlerent de se revoir; ce qui donna lieu à une avanture toute neuve, qui surprit par sa singularité, & qui prouva à quel point le Monde étoit changé.

LE MARI GRELUCHON,

Avanture digne du jour.

L'ingénieux Mirza devenu l'amant de sa femme par la difficulté de l'entretenir, eut recours à son art pour parvenir à ce bonheur. Pour mieux tromper l'œil des surveillans, il prit la forme d'un moineau, & vola dans les jardins qui la tenoient enfermée.

Elle y étoit alors seule sous un berceau de jasmins, de grenades & d'œillets, occupée à se faire un bouquet de ces différentes fleurs. Le nouvel oiseau y dirigea son essor; & voltigeant autour d'elle, laissa tomber à ses pieds un billet qu'il tenoit dans son bec. Il prit de ce même bec la plus belle des fleurs qu'elle avoit cueillies, & la mit doucement dans son sein. Il s'y plaça lui-même en battant plusieurs fois tendrement des aîles. Eglé aussi surprise que charmée des façons galantes d'un si joli moineau, le prit avec sa main blanche, l'approcha de sa bouche vermeille, le caressa, le baisa. En réponse, il chanta pi pi, il la becqueta le plus amoureusement du monde, & revola fur fa gorge charmante. Elle l'y laiffa, pour lire le billet qu'elle avoit ramaffé, & qui étoit exprimé en ces termes :

L'Amoureux Mirza à la belle Eglé fon époufe.

Ce n'eft pas un mari, charmante Eglé : c'eft l'amant le plus paffionné qui vous écrit. Je ne puis plus refpirer féparé de vos charmes ; votre poffeffion eft effentielle à mon bonheur ; l'immortalité fans vous n'eft qu'une éternité de peines ; elle ne vaut pas à mes yeux un feul jour paffé dans vos bras. Pour vous rendre plus fûrement ma Lettre, j'ai voulu moi-même en être le porteur ; & pour mieux vous répéter la preuve de mon amour, je me fuis tranf-

formé en moineau. Vous êtes Fée ;
vous avez le même privilége. Si
vous m'aimez, comme je vous ai-
me, changez-vous en linotte ; en
dépit des jaloux , nous nous ren-
drons cent fois heureux malgré leur
pouvoir , & même en leur préfence.

Eglé qui n'avoit pas moins d'ardeur pour lui qu'il en avoit pour
elle , eut à peine lû ce billet, qu'elle
devint linotte , & que le moineau
Mirza la careffa en vrai moineau.
Jamais témoignages d'amour ne furent plus rapidement ni plus fou-
vent exprimés. Elle y gagna , du
moins pour le nombre. Plufieurs
jours de fuite , nos deux époux fe
virent en bonne fortune fous cette
métamorphofe favorable , ce qui
la leur rendoit encore plus pi-

quante ; ils avoient le plaifir malin
d'en venir aux plus tendres caref-
fes aux yeux de leur tyran , fans
qu'il foupçonnât leur intelligence
en les voyant fe careffer , tantôt
fur un efpalier de jafmin , tantôt
fur un oranger : lui-même il leur
crioit, *baifez , baifez fort*. On juge
bien qu'ils étoient prompts à lui
obéir , non fans en rire dans leur
bec.

Mais une nuit qu'ils étoient feuls
dans l'appartement d'Eglé , que
leurs furveillans dormoient , &
que le Roi étoit engagé dans une
partie de jeu , ils fe lafférent de ne
jouir qu'en bêtes , & voulurent
goûter le fouverain bonheur dans
tout l'éclat de leur être. Tous deux
furent d'abord enchantés de fe re-

voir fous leur aimable figure ; leur
pofition finguliére leur donna de
l'efprit ; ils fe dirent mille jolies
chofes ; leur amour s'en accrut,
l'entretien s'anima, le fentiment le
foutint, & la volupté le termina
fur un lit de couleur de rofes, où
l'Amour les conduifit pour fon
triomphe, & le fommeil les furprit
pour leur malheur.

Le Roi las de perdre au jeu,
voulut s'en dédommager dans les
bras du plaifir. Pouffé par cette fatale envie, il entra fans fe faire
annoncer chez Eglé qui ne l'attendoit pas. Mirza dormoit fur fon
fein dans une attitude peu modefte.
Furieux à cette vue, Fidéle lui ap-
pliqua de fa main Royale une cla-
que, qui lui fit fentir vivement

combien il eſt dangereux de dormir ſans être couvert.

Mirza pouſſa un cri douloureux qui réveilla Eglé toute allarmée. Elle le fut bien davantage quand elle vit le Roi le bras levé ſur ſon mari, tout prêt à le ſaiſir ; mais il ne prit qu'un rat, qui le mordit ſi fort au pouce, qu'il fut obligé de le lâcher. Mirza qui avoit pris cette forme, ſe ſauva par la cheminée.

Reſtes rat, dit le Roi plein de rage : reſtes rat par l'effet d'un pouvoir ſupérieur au tien, juſqu'à ce que tu puiſſes boire à la ſource du plaiſir, & ſervir de robinet à la fontaine. Il voulut en même tems décharger ſa colére ſur Eglé : il ne trouva ſous ſa main qu'une puce qui le picqua juſqu'au ſang à

la jambe , d'où elle fauta fur fon
dos. Là , fure de l'impunité , pour
vanger Mirza , Eglé , car c'étoit
elle-même , le défola au point qu'il
lui cria : arrêtes , cruelle puce , arrêtes , ou je te rendrai ... Morbleu
finis donc , finis : reprens ta figure
naturelle ; je te pardonne ; je n'ufe-
rai point de ma puiffance contre
toi ; je te le jure par mon nom , &
foi de Génie d'honneur. Raffurée
par ce ferment , elle reparut fous
fes propres traits ; mille tendres bai-
fers en furent le fceau , c'eft à-dire
qu'elle fut conclue aux dépens du
mari. Les abfens ont toujours tort.

La nécessité de fermer les portes ; Troisiéme bonne fortune de *MIRZA*.

L'Infortuné Mirza condamné à rester rat, parcourut inutilement toute la Cour, pour saisir l'expédient de se *démétamorphoser*: il fut le chercher à la ville. Un mois, qui lui parut un siécle, se passa sans qu'il pût le trouver ; mais un soir, pour éviter la poursuite d'un chat, il grimpa le long d'un mur, entra par la fenêtre dans l'appartement d'une jeune Dame, gagna une table de nuit, & fut se tapir dans un Bourdaloue de porcelaine du Japon. Heureux revers, qui fit sa délivrance !

La Maîtresse du logis vint prendre étourdiment le Bourdaloue.
Notre rat qui se sentit inonder, s'é-
lança vers la source d'où couloit
l'eau précieuse, but à même de la
fontaine, & lui servit de robinet.
La Dame effrayée fit un cri : mais
tout ses gens étoient éloignés ; elle
ne fut point entendue ; elle se débarrassa vîte du vaisseau fatal, mais
non pas du rat, qui ne quitta point
prise. Elle sentit un mouvement si
singulier, qu'elle y porta la main.
Elle trouva..... ô Dieux ! quel
surcroît d'étonnement, ou plutôt
quel excès de joie ! Mirza, qui
venoit de rompre l'enchantement,
& qui reprenoit sa figure par gradation, avoit commencé par le
plus bel endroit, qu'elle avoit si
heureusement saisi.   Ce

Ce font là de ces coups , contre lefquels une femme , la plus fage même , ne tient point. Elle foupira d'aife autant que de furprife , & fe laiffa tomber fur une Ducheffe. Mirza redevenu tout lui-même , eut le tems de triompher , avant qu'elle eût eu celui de fe défendre. Son amour en débutant fe trouvoit dans une pofition fi avantageufe , qu'elle fe difpenfoit d'en faire l'aveu , & que la vertu même n'eût pû s'en dédire ; il commençoit chaque avanture par où les autres la finiffent.

Rofalie, c'étoit le nom de l'Héroïne , revenue de fa premiere extâfe , fit d'abord la petite Lucréce. Elle fe défola après coup. Nouvellement arrivée de la Province , elle

en avoit les préjugés & tous les sots
scrupules. Mirza eut l'art de les lever à plusieurs reprises. Il accom-
pagnoit chaque raison d'un baiser
tout de flamme. Cette maniere de
persuader est toujours la plus sûre.
Il acheva de calmer son désespoir
en flattant sa vanité ; il lui apprit
qu'il étoit premier Menin de la
Reine, en lui protestant qu'il la
préféroit à toutes les beautés de la
cour, dont il dit modestement qu'il
étoit adoré. A cette déclaration
elle fut enchantée ; sa passion sé-
crette avoit toujours été d'avoir
un Esprit de Cour pour Maître.
Née avec un goût décidé pour le
grand monde, elle vouloit en ap-
prendre le bel usage ; & puiser le
bon air dans sa source. Sa taille de

Nymphe en étoit fufceptible , &
fa jeuneffe brillante méritoit d'ê-
tre inftruite. Le Ciel l'avoit ornée
de toutes les graces picquantes, dont
il favorife les brunes ; fon efprit
étoit afforti à fa figure ; il étoit vif
& faillant , avide de tout fçavoir ,
& fans ceffe aiguilloné par une pro-
digieufe envie de plaire. La jalou-
fie d'un époux brutal avoit retar-
dée la culture de ces heureux talens : ce mari étoit venu dépenfer
en fot dans la Capitale , un bien
qu'il avoit acquis en fripon dans la
Province. Par bonheur il étoit alors
abfent ; une affaire importante l'a-
voit appellé , & le retenoit ailleurs.

Mirza mit fon abfence à profit ;
il donna à Rofalie plufieurs leçons
de bonne compagnie. Elle fit de fi

rapides progrès , qu'en moins de
huit jours elle avoit presque tout
appris. Un soir, malheureusement
dans le feu de l'instruction , ils ou-
bliérent de fermer les portes ; le
mari de retour entra brusquement
& surprit Mirza avec elle , comme
il achevoit de lui donner le bon
ton. Il en étoit l'ennemi mortel ,
& jura en Provincial mal appris.
Mirza trouva son procédé indé-
cent : il lui dit qu'il étoit ridicule ,
affreux , qu'un mari qui arrivoit
de la campagne se glissât ainsi fur-
tivement dans l'appartement de sa
femme ; qu'en entrant chez elle ,
il devoit du moins se faire annoncer en époux qui sçait les usages ;
que c'étoit là le bon ton.

Ventrebleu! repliqua notre brus-

ral , je me mocque des ufages ; le
mien eft quand je trouve un Petit-
Maître feul avec ma femme , de le
faire poliment jetter par les fenêtres : ce n'eft pas-là le bon ton ,
mais c'eft le bon parti. Comme il
le dit , il le fit exécuter : quatre
Laquais des plus forts lui obéirent
avec tant de promptitude & de pré-
cifion , que Mirza fut précipité
dans la rue , avant qu'il eût eu le
tems de s'en garantir par le fecours
de fon art , qui ne lui eut jamais
été plus néceffaire. Il en fut quitte
pour un bras caffé ; & il connut ,
mais trop tard , la néceffité de fermer les portes , pour n'être pas for-
cé de fortir par les fenêtres.

Cette avanture fit grand bruit :
dans un tems plus fage , elle eut

déshonoré Mirza, & l'on eut ap-
plaudi au juſte reſſentiment du mari ; mais les eſprits étoient chan-
gés ou plutôt pervertis ; on voyoit
tout différemment. L'époux ſeul
fut ſifflé, fui, déteſté , & regardé
comme un monſtre ſauvage , qu'il
falloit reléguer dans les bois , & ſé-
parer de ſa belle moitié , qui méritoit de faire l'ornement de la Ville,
& de figurer même à la Cour.

Le Roi donna des ordres con-
formes au cri public : il exila le
vieux mari au fond de ſa Province,
& mit ſa jeune épouſe au rang des
femmes d'honneur de la Reine.
Mirza fut le héros brillant de l'a-
vanture ; elle lui donna une nouvelle conſidération ; il rentra dans
les bonnes graces de ſon Maître ,

qui l'embraſſa publiquement. La Reine lui fit préſent d'une écharpe pour mettre à ſon bras ; & ſa bleſ-ſure lui fit autant d'honneur, que s'il l'eût reçue au Champ de Mars.

Ainſi changea le Monde , qui devint l'antipode du prémier ; ainſi commença le régne des vertus nouvelles, qui s'établit ſur les dé-bris des anciennes ; & ainſi finit mon Conte, qui n'en eſt pas un , puiſqu'il eſt copié d'après la véri-té , & qu'il eſt une fidéle eſquiſſe des mœurs & de l'eſprit du jour.

LES

QUINZE MINUTES,

OU

LE TEMPS BIEN EMPLOYE',

Conte d'un quart-d'heure.

G

LES QUINZE MINUTES,

OU

LE TEMPS BIEN EMPLOYÉ;

Conte d'un quart-d'heure.

'Amour avoit fubjugué l'Hymen dans l'Ifle Heureufe. L'exemple du fils enhardit la mere. Vénus voulut à fon tour triompher de Diane dans l'Ifle Pucelle. Ce nom bleffera peut-être l'oreille délicate de la bonne compagnie , où le mot n'eft plus du bel ufage , depuis qu'on y a perdu l'idée de la chose ; mais le devoir d'Historien m'oblige de m'en servir, du moins une fois, pour désigner chaque pays par son nom propre.

Cette Isle consacrée à la chaste sœur d'Apollon étoit constamment gouvernée par une Reine vierge ; pour plus de sûreté le peuple avoit la sage précaution de l'élire dès son berceau, & la plaçoit sur son Trône à l'âge de six ans. Trente Dames de la chambre lui servoient de gardes ; ces vénérables Matrones veilloient ensemble & tour à tour sur ce précieux dépôt, comme les Vestales veilloient à Rome sur le feu sacré. Ce dépôt violé, comme la flâme éteinte, étoit puni du dernier supplice : le châtiment étoit même plus rigoureux : car il tomboit non seulement sur celle qui étoit de garde, mais il s'étendoit encore sur toutes ses compagnes, qu'on enterroit vivantes avec la Reine. Une loi si sévére les tenoit toutes si fort en bride, que Sa Majesté étoit forcée d'être sage, en dépit qu'elle en eût.

Vénus, pour faire révoquer cette loi, qui blessoit son culte, enlaidit toutes les habitantes de l'Isle. Aucune ne fut épargnée ; le plaisant de la chose fut que la plus contrefaite se mocqua la premiére de la difformité de sa voisine, & qu'elle fut la derniére à s'apperce-voir de la sienne.

Luceïde, c'étoit le nom de la Reine ou de la Sultane, ne put voir à son lever les femmes de sa

Cour ſi horriblement changées,
ſans leur en témoigner ſa ſurpriſe :
Meſdames, d'où ſortez-vous donc,
ſe récria-t-elle ? Comme vous voilà faites ! Mais peut-on ſe préſen-
ter avec une pareille figure ? Zo-
raïde, vous êtes ridée, vous êtes
d'un jaune affreux ; Fanni , votre
taille eſt de travers ; Cloë, vos yeux
ſont d'un louche qui fait peur , &
vous, Zulime, vous avez un nés
qui ne finit point ; Zaïde , vous
avez tort d'en rire avec une bouche qui n'eſt pas moins grande,
& encore plus ridicule. Allez ,
Meſdames , allez toutes reprendre
votre viſage d'hier. S'il n'étoit pas
abſolument beau , il étoit du moins
ſupportable ; vrai, d'honneur, votre figure d'aujourd'hui ne peut

s'envisager, elle souléve le cœur, elle fait mal à la vûe.

Le lendemain elles eurent leur tour, Lucëide fut changée la der-niére, mais elle fut partagée en Reine. Sa laideur fut accomplie ; elle sétendit sur toute sa personne. Dans une nuit son front se rida, ses cheveux & ses dents disparu-rent, son teint jaunit, ses sourcils blanchirent, ses yeux s'enfoncé-rent, sa bouche s'élargit, son nés s'écrasa, ses joues se creuserent & son menton se couvrit d'un cotton couleur de feu qui triompha de l'art des Baigneurs. Sa taille en même tems se noua, ses épaules se vouté-rent, sa gorge s'applattit, sa jambe se raccourcit & son pied s'allongea; bref en elle tout ce qui devoit être grand devint petit, & tout ce qui devoit être petit devint grand.

Toutes nos Dames à cet aspect ne purent s'empêcher de rire malignement sous leur éventail. La Reine impatientée de leurs ricanemens leur en demanda le sujet. Aucune n'osa l'en informer. Une seule moins timide lui répondit que le respect leur imposoit silence; mais qu'elle daignât se regarder, que son miroir l'instruiroit mieux que leurs discours. A peine eut-elle jetté les yeux dessus, qu'elle poussa un cri d'horreur, de se voir si affreuse, & qu'elle cassa la glace de désespoir. Sa douleur fut d'autant plus grande, qu'elle s'aimoit tendrement.

Pour mieux punir les femmes,

la maligne Mére des amours avoit
en même tems embelli les hommes.
Elles devinrent des monſtres, ils
devinrent des beautés. Le ſceptre
des graces paſſa dans leurs mains.
Un contraſte ſi déplacé & ſi cruel
pour elles acheva de les déſeſpérer ;
elles furent obligées de faire les
avances, mauvaiſe habitude dont
elles ont eu depuis de la peine à ſe
ſe défaire. Leurs adorateurs prirent
alors leur revanche ; ils leur tire-
rent rigueur , ils exigerent des
hommages : le chagrin que les
femmes en eurent les rendit encore
plus laides , & la vanité que les
hommes en témoignerent , les rendit plus fats , par conſéquent plus
ridicules. Les deux ſexes y perdirent : le déplacement gâte tout.

Dans un renverſement ſi monſ-
trueux, la Reine envoya conſul-
ter Merveilleux, Génie tranſcendant, & l'Oracle du Royaume,
Voici ce qu'il répondit : *Pour ap-
paiſer Vénus, que la Reine l'imite ;
qu'elle ſoit déſormais ſervie par quinze Officiers d'élite, & qu'en quinze minutes elle faſſe ſucceſſivement
l'épreuve des quinze Cabinets des
Métamorphoſes. Quand la pendule
ſonnera, elle doit recouvrer toute ſa
beauté, & déſenlaidir ſes Sujettes.*

Dès que la Sultane apprit cette
réponſe, elle joua la déſolée :
Grands Dieux ! s'écria-t-elle, en
s'arrachant des cheveux qui n'é-
toient plus les ſiens, où me vois-je
réduite à quinze ans ! Quinze
épreuves ! avec quinze Sujets diffé-

rens ! en quinze minutes ! Chacun
d'eux n'en aura donc qu'une? Ah!
quelle horreur ! quel supplice !
J'en frémis , & je mourrois si je n'é-
tois pas Fée. O! mes cheres Sujettes,
jugez de mon amour pour vous,
par ma soumission à une loi si bar-
bare. Après plusieurs autres lamen-
tations feintes ou véritables, elle
prit le noble parti de subir le châtiment dont elle frémissoit tout haut,
& qu'elle désiroit peut-être tout
bas.... Pour se conformer aux ordres de la Déesse , elle cassa la
moitié des vieilles Dames de sa
chambre, & mit à leur place quinze
Gentilhommes tous dans la fleur
de leur âge. Elle les fit tirer au sort
pour régler entr'eux le rang qu'ils
tiendroient dans les hommages suc-

cessifs qu'ils devoient lui rendre.

Le nom du fier Sélim précéda tous les autres. Il eut l'honneur de la première minute : honneur frivole aux yeux des spéculatifs, qui, à le bien creuser, le trouvent idéal, & plus pénible que flatteur, mais précieux pour Sélim, qui mettoit le souverain bien dans les prémices. Né avantageux, il vouloit avoir la primauté de tout, & en tout. Dans une cérémonie, il marchoit toujours à la tête ; dans un cercle il se mettoit à la première place ; dans la rue, il prenoit le haut du pavé ; à table, il mettoit le premier la main au plat, & ne mangeoit des petits pois que dans la primeur.

PREMIE'RE MINUTE.

Le premier Cabinet des Métamorphoses étoit le Cabinet des
fleurs. Il étoit d'autant plus difficile d'y pénétrer, qu'il n'avoit point
de porte , & qu'on n'y pouvoit
entrer que par une fenêtre. Sélim
à qui la difficulté servoit toujours
d'aiguillon pressant , escalada le
balcon ; & trouvant la fenêtre fer-
mée, il imita Aléxandre qui coupa
le nœud Gordien , n'ayant pû le
défaire , c'est-à-dire qu'il cassa
un carreau de vitre , & que passant
au travers il s'introduisit dans le
Cabinet, dont il n'avoit pû ouvrir
la fenêtre. Tout cela fut l'ouvrage
d'une seconde.

Au milieu d'un parterre de

fleurs, il vit briller une rose blanche, qui donnoit envie de la cueil-
lir. Les inftans étoient précieux :
fans balancer il y porta la main par
préférence ; mais il fe fentit piquer
cruellement par des épines qui lui
fervoient de rempart. Loin d'arrêter Sélim, la douleur irrita fon
ouvrage, il ne quitta point prife.
Son fang qui couloit, pénétra jufques au cœur de la rofe, & la
rendit vermeille. Son ardeur en
augmenta, alors il redoubla d'ef-
fort, & la cüeillit. La minute expira, & Luceïde parut avec fes
beaux cheveux d'un cendré admirable ; le refte de fa figure fubfif-
toit dans toute fa laideur. A cette
apparition, tout intrépide qu'il
étoit, le vainqueur recula de fur-

prise, & sauta par la fenêtre d'effroi.

SECONDE MINUTE.

Nérée succéda à Sélim. Il étoit fils d'une Néréïde & de Protée. Bien lui prit d'être ondain de sa nature. Le Cabinet des eaux lui tomba en partage ; tout autre que lui s'y fut noïé. Ce cabinet formoit une grotte charmante : à peine y eut-il mis le pied, que les eaux jouerent, & remplirent toute la grotte : Elles étoient si belles & si transparentes, qu'elles invitoient à se baigner : Nérée n'étoit enveloppé que d'une légere robbe de chambre de taffetas ; il s'en débarrassa promptement, & se jetta au milieu des flots qui l'assiégeoient. Il y nâgeoit d'autant plus délicieusement , qu'ils étoient remplis d'une chaleur douce , qui ranimoit son sang , loin de le réfroidir. Un objet intéressant vint encore plus vivement le réchaufer.

Une jeune & belle Nayade s'offrit à ses yeux ; elle fendoit la surface des eaux si doucement, qu'elle paroissoit dormir , nonchalament couchée sur le dos , mais avec modestie. Un voile couvroit tous ses charmes , sans pourtant les cacher ; l'œil avide de Nérée à travers la gaze en démêloit au moins une moitié. Un Zéphire malin qui jouoit autour d'elle, tout à coup lui enleva ce voile , & s'envola. Elle en parut effrayée , & s'écria d'une voix enfantine : ah ! mon voile , mon voile ! Le fils de Protée , qui avoit succédé

cédé à l'art de son pere, nagea rapidement vers elle, se transforma en voile, & se hâta de la couvrir par bienséance.

Les Zéphires applaudirent par un tendre murmure, & les ondes qu'ils agitoient, par un doux frémissement. La seconde minute sonna. Nerée reprit sa figure, & la Reine se montra sous la sienne, les cheveux & la moitié du front d'une beauté parfaite, mais tout le reste... Dieux ! où se trouve Nérée ? au milieu de quel gouffre ? Charibde & Sylla étoient moins formidables. Il en fut épouvanté, & se sauva à peine à la nage.

TROISIE'ME MINUTE.

L'ondain fut suivi d'un Salamandre. Ce nouvel athléte , qui fe nommoit Almanzor , entra dans le Cabinet des flammes par la cheminée. Dès qu'il y fut defcendu , le feu prit partout , & l'environna de tous côtés. C'étoit un feu d'enfer; il falloit être Salamandre pour y réfifter ; un enfant de la terre eut été calciné en un clin d'œil. Almanzor y puifa une nouvelle force. La flamme étoit fon élément. Au milieu des feux qu'il parcouroit fans danger , il vit éclater un Soleil , ou plutôt une Lune brillante , dont la lumiere auffi douce qu'attractive l'entraînoit fecrétement vers elle. Il fe laiffa emporter à cet aimant rapide , pénétra dans le cercle de cet aftre charmant , s'y concentra ; leurs flammes s'unirent , & ne formérent qu'une même clarté. Le feu qui fortit de leur union fut fi prompt & fi fort , qu'il dévora l'apparte-ment dans le court efpace de deux fecondes.

La troifiéme minute s'écoula ; la Reine reprit fa forme , ou plûtôt fa laideur, excepté fes cheveux & fon front entier, qui parut beau de fa premiere beauté. Cet afpect gla-ça notre Salamandre, & tout fon feu s'évapora en fumée.

QUATRIE'ME MINUTE.

Zélis Prince des Silphes eut pour fon lot la quatrieme minute. Le Cabinet des oifeaux fut ouvert pour lui. C'étoit une vafte voliére , qui renfermoit un peuple aîlé , & chantant de toutes les espéces ; serins, linotes , chardonnerets , fauvettes , &c. Zélis en entrant fut enchanté de leur ramage. Pour être bruyant , il n'en étoit pas moins harmonieux. Ils chantoient tous en cœur ce Quatrain d'Opéra :

Pour jouir dans cette demeure,
Une seconde est chére , il faut la ménager.
Ce n'est pas ici l'heure ,
C'est la minute du Berger.

Chaque mâle en conséquence, bon œconome des momens , étoit prompt à caresser sa femelle. Une seule tourterelle gémissoit tendrement de se voir isolée , & par ses doux roucoulemens sembloit appeller son pair. Zélis animé par l'exemple , en revêtit la forme , & vola dans sa cage. Que leurs bai-

sers furent tendres ! Mais hélas ?
ils furent de trop peu de durée. A
peine finissoient-ils leurs premiéres
caresses , que la quatriéme minute
expira. La tourterelle prit la volée,
& laissa voir à sa place Luceïde
dans sa difformité , aux cheveux ,
au front & à un sourcil près. Le
Silphe en soupira de douleur , &
s'envola d'épouvante.

CINQUIE'ME MINUTE.

La cinquiéme minute fut celle
Zinzolim. Le sort le choisit pour
faire les honneurs du Cabinet des
éguilles. Le hazard ne pouvoit
mieux rencontrer. Zinzolim étoit
un Génie frivole qui disputoit aux
Fées l'art de manier l'éguille. C'é-
toit sans contredit le premier Bro-

deur du Royaume ; il excelloit surtout en tapisserie, par la raison qu'il avoit toujours par préférence travaillé à l'envers, moitié par goût, moitié par habitude. Il vit dans ce Cabinet un spectacle qui le remplit d'étonnement, de joie & d'émulation. Il apperçut un millier d'éguilles enfilées de soye de différentes couleurs qui travailloient en tapisseries toutes à l'envi, & se pressoient de finir une Méduse en beau, c'est-à-dire, telle qu'elle étoit avant la punition de Minerve, le jour que mille adorateurs épris de ses charmes, se disputoient la gloire de l'épouser. Neptune fut préféré, mais par malheur pour Méduse, en Dieu marin, il brusqua l'hymen avec elle dans le Temple de cette Déeſſe, qui s'en ſcandaliſa, & qui d'une beauté accomplie fit de la Gorgone, un monſtre parfait.

Toutes les éguilles en un inſtant eurent achevé leur tâche. Une ſeule au bout de ſon fil, ou de ſa ſoie, étoit demeurée oiſive au centre de la figure qui reſtoit à remplir. Zinzolim fut preſte à ſaiſir l'éguille. Comme il ne marchoit jamais ſans deux pelotons, il en tira la ſoie néceſſaire, enfila du premier coup, & travailla avec tant d'activité, qu'il finit l'ouvrage un quart de ſeconde avant que la cinquiéme minute ſonnât. L'éguille alors diſparut, & la belle Méduſe ou ſa copie avec elle. Lucéïde lui ſuccéda en propre original, embélie jusqu'aux sourcils inclusivement, mais un vrai monstre depuis les yeux jusqu'aux pieds. C'étoit, à la bien prendre, Méduse punie, ou Méduse en laid. A cette vue formidable Zinzolim fut pétrifié, ou plûtôt il fut englouti dans l'antre de la Gorgone.

SIXIE'ME MINUTE.

La sixiéme minute étoit destinée à *Noir Coquin*. C'étoit le plus méchant Génie. Par bonheur il l'étoit maladroitement ; ses traits portoient presque toujours à faux ; ils tomboient sur le mérite reconnu , ou sur la vertu absente, qu'il attaquoit en lâche, & qu'il tâchoit de percer par derriere , sans pouvoir l'effleurer ; tandis qu'il louoit le vice en

impudent,

impudent , & qu'il l'applaudiſſoit
en face. Le champ de la Médiſance,
tout vaſte qu'il eſt , ne l'étoit pas
aſſez pour lui. Il l'étendoit juſqu'aux
derniers confins de la Calomnie; &
pour la ſignaler avec plus d'impunité, il avoit mis au jour le premier
Libelle anonyme. Le Cabinet des
Tablettes lui fut ouvert à juſte
titre.

Ces Tablettes qui formoient un
gros Volume & qui étoient placées
ſur une table de marbre noir, étoient
un monument ſcandaleux de toutes
les noirceurs poſſibles ; elles con-
tenoient un Recueil affreux d'Epigrammes contre les vertus & les ta-
ens les plus célébres. Toutes les
pages étoient écrites , il n'en reſ-
oit qu'une ſeule en blanc. Au deſ-

I

fus de la table, on lifoit cette Inf-
cription en gros caractére rouge :
*Remplis la derniére page, & tu en
recevras le prix.* Elle fut le premier
objet qui frappa les yeux de Noir-
Coquin : ces mots réveillerent en
lui la rage de verfifier, ou plûtôt
de médire. Comme il avoit la mé-
prifable facilité de produire *im-
promptù* du mauvais en tous fens,
il prit vîte fon craïon, & noircit la
page de fix Epigrammes double-
ment méchantes, qui ne lui cou-
térent pas plus de tems à rimer,
qu'à mettre par écrit, quoiqu'elles
paruffent faites avec peine. Que
ces momens lui furent doux ! Dé-
chirer étoit pour lui une jouiffance
délicieufe.

La premiére Epigramme atta-

quoit le Corps de tous les beaux es-
prits de l'Isle. C'étoit une fastidieuse
répétition d'injures grossiéres que
lui faisoit vômir réguliérement
trois fois par an le désespoir de n'y
pouvoir entrer.

La seconde dénigroit l'Orphée
du jour, qui avoit trouvé ses Vers
trop durs, pour les plier à sa Mu-
sique, & trop froids pour les ré-
chauffer de ses sons.

La troisiéme étoit contre une
Piéce de Théâtre généralement ap-
plaudie: digne Ouvrage d'une Fée
qui en étoit l'auteur. Il honoroit
l'humanité autant que son sexe;
& la prose en étoit si parfaite, qu'elle effaçoit tout l'éclat de la Poësie.

La quatriéme noircissoit tous les
honnêtes gens de la Ville.

I ij

La cinquiéme tournoit en ridicule toutes les Dames de la Cour.

Et la sixiéme les mettoit en pié-
ces chacune en particulier , à commencer par la Sultane , qui y
étoit peinte avec des couleurs d'autant plus cruelles , qu'elles étoient
ressemblantes depuis son change-
ment.

Comme il écrivoit la derniére ri-
me , la sixiéme minute se fit en-
tendre. Les Tablettes s'évanouirent,
la Reine parut , mais plus difforme
que la derniére fois. L'ouvrage de
Noir-Coquin n'avoit servi qu'à l'en-
laidir ; lui seul avoit joui du plaisir
de mal-faire. Elle n'avoit profité
que d'un transport d'indignation ;
& ses yeux à qui notre malin Génie devoit rendre leur premier

éclat , n'étoient animés que du feu d'une extrême colére , qui les rendoit encore plus affreux. Pour l'en punir, elle lança un regard foudroyant , qui le fit trembler. A ce signal trente bâtons en l'air , pouffés par autant de mains invifibles, tombérent à coup preffés fur les épaules de Noir-Coquin ; & le conduifant poliment jufques dans la rue , firent les honneurs de l'appartement , & lui difpenférent libéralement le prix qu'on lui avoit promis , & qu'il méritoit.

SEPTIE'ME MINUTE.

Le Cabinet des Inftrumens fut dévolu de droit à Bézulma , Muficien par goût, & Génie fupérieur pour la Viole. Il étoit orné de Livres de

muſique , de clavecins , de vio-
lons , de flûtes , de baſſons & de
muſettes. Une Viole y préſidoit ;
elle n'attendoit qu'un archet pour
concerter. Bézulma remplit ſes
vœux ; & dans le cours d'une minute , ſon art en tira tous les ſons
poſſibles. Leur accord fut parfait :
il en réſulta une harmonie ſi mer-
veilleuſe , qu'elle anima juſqu'aux
marbres du Cabinet , & fit danſer
pluſieurs Buſtes de bronze avec
leur pied-d'eſtal. Un concert ſi doux
fut trop court.

Au bout de la minute la Viole
devint inviſible. Lucéïde prit ſa
place : ſes yeux & ſon nez furent ra-
juſtés de ce ſeul coup. L'habileté
du Muſicien avoit réparé le tort du
Poëte ; mais ſon ſçavoir ne put s'é-

tendre plus loin : la bouche & le
menton de la Reine étoient toujours restés aussi défigurés que sa
taille. Ce mélange de laideur & de
beauté la rendoit plus ridicule. Bézulma ne put l'envisager sans rire :
elle fit une grimace qui l'épouvan-
ta ; l'archet lui tomba de la main ,
il détourna les yeux, & fuit encore.

HUITIE'ME MINUTE.

Firfollet entra comme un éclair
dans le Cabinet des Voltigeurs. Jamais Gentilhomme de la Cour n'a-
voit possédé en un dégré plus subli-
me l'art admirable de sauter , de
danser & de voltiger sur la corde.
Il gémissoit sincérement de voir un
talent si noble méprisé , & faisoit
tous ses efforts pour le tirer de l'avi-

lissement où il étoit tombé. Il apperçut avec transport une corde lâche, qui traversoit l'appartement. Elle étoit tissue d'une soye moitié blanche, moitié incarnate. Quel objet agaçant pour lui! En moins d'une seconde il fut assis dessus. Il n'eut pas la peine de la mettre en branle : d'elle-même elle tourna avec tant de rapidité, qu'elle eût culbuté un moins habile ; une secousse n'attendoit pas l'autre. A la fin il demanda quartier, & s'écria d'une voix suppliante : Ah ! Corde ma chere, Corde mes amours ! modéres, je t'en prie, modéres tes tendres, mais trop vives secousses ; je suis.... je suis essouflé, la tête me tourne. Loin de s'arrêter, la corde maligne redoubloit ses mouvemens & voltigeoit plus fort.

Heureusement pour lui la hui-
tiéme minute sonna, & notre Volti-
geur se trouva suspendu en l'air
dans les bras de la Sultane, qui rioit
de tout son cœur. Elle en avoit sujet : sa bouche rétrécie venoit de
recouvrer toutes ses dents plus
blanches que jamais. Il lui séïoit
alors de rire. L'œil de Firfolet fut
ébloui de leur émail. Il voulut porter ses regards plus bas ; il fut saisi d'effroi. Pour se débarrasser des
bras de Lucéïde , il fit le saut le
plus périlleux qu'il eût fait en sa
vie , & s'estima trop heureux d'en
être quitte pour une jambe dé-
mise.

NEUVIE'ME MINUTE.

Le Cabinet de la Biche échut à Renaudin Chasseur infatigable. C'étoit un Parc charmant , où paissoit une jeune Biche faite au tour. Son poil étoit du plus beau blond du monde. Dès qu'elle vît Renaudin, elle prit la fuite. Une voix alors cria : poursuis Renaudin , poursuis, & tues la Biche , ou ta mort sera le prix de ta pitié. A ces mots Renaudin n'ayant que son épieu pour armes , précipite sa course après elle. Il étoit de la race d'Eole ; sa légéreté égaloit celle des Aquilons. La Biche a beau fuir , il la poursuit plus rapidement ; elle court , il vole. Après bien des tours & détours , elle tombe essoufflée sur un gazon

au milieu d'un bois taillis. Le cruel
Renaudin la joint , & lui plonge
sans pitié son épieu tout entier dans
le flanc. Elle pousse un profond
soupir , le regarde tendrement , &
meurt doucement de ses coups.

La minute expira avec elle. Au-
lieu de la Biche morte , Renaudin
vit paroître la Sultane très-vivan-
te. Une si douce mort lui avoit
rendu ses belles couleurs , & resti-
tué l'embompoint de ses joues. C'é-
toit dommage que son menton am-
plement décoré d'un long poil écar-
late , jurât avec les autres traits de
son visage , & fût trop bien assorti
au reste de sa personne. Ce bizarre
contraste déconcerta notre Chasseur : un sanglier qui l'auroit sur-
pris désarmé , l'auroit moins éton-

né. Il abandonna sa proye, & s'en-
fuit plus fort que la Biche.

DIXIE'ME MINUTE.

Le Sort ouvrit la porte du Cabinet des Guêpes à un Génie pla-
giaire, nommé Bourdon. Il étoit
cousin de Noir-Coquin, & très digne de l'être. Il voloit toujours
l'esprit des autres, & ne brilloit
qu'à leurs dépens. Il ne fut pas plûtôt introduit dans le Cabinet, qu'il
fut assailli d'un million de Guêpes
qui l'habitoient. Elles quittérent
un raïon de miel, qu'elles avoient
ravi à un essein d'abeilles, pour venir lui faire politesse, en bourdon-
nant autour de lui. Plusieurs pous-
sérent leur civilité, jusqu'à lui faire sentir la force de leur éguillon.

Il fit un cri qui les fit difparoitre.

Il ne refta que leur Souveraine, qui lui dit amoureufement : *Beau Bourdon, je t'aime; viens t'unir avec moi, viens.... Cette union eft digne de toi. Nous allons favourer enfemble un miel d'autant plus doux, qu'il eft dérobé.*

Eh! Guêpe ma Mie, repartit *Bourdon, vous vous mocquez de moi! Le moyen que je puiffe....*

Mon fils, ne vous découragez pas, interrompit-elle; *avec du tems & de la patience, on vient à bout...*

Morbleu, Madame la Mouche, je manque de l'un & de l'autre; Grands Dieux! ajouta t-il d'un ton pénétré, *rendez-moi Bourdon d'effet & de figure, comme je le fuis de nom & d'inclination, fi vous*

*voulez qu'un tel hymen s'accom-
plisse.*

Sa priere fut exaucée, & le Bourdon se vit l'époux de la Guêpe : tous
deux volérent sur le raïon de miel.
Là leur nôce se fit aux dépens des
abeilles. Ils furent heureux du bien
d'autrui. Qu'ils ont d'imitateurs
dans le monde ! & que de Particu-
liers s'unissent pour mieux voler le
Public !

Juste après la minute, la Guêpe
devint Lucéïde, qui avoit perdu à
cette union le cotton couleur de
feu qui paroit son menton. Cette
perte étoit un gain pour elle. Tous
les charmes de son visage étoient
rétablis ; mais ceux de sa taille ne
l'étoient pas. Par malheur sa difformité paroissoit sans voile. A

cette vue notre Bourdon raſſaſié fut content d'un repas, & prit l'eſſor avec la Guêpe.

ONZIE'ME MINUTE.

Le Cabinet des Fruits fut le partage d'Argolan. Il étoit grand & fort robuſte ; qualités qui lui furent très - néceſſaires pour mettre à fin l'avanture qu'il alloit tenter. Ce Cabinet offroit un Verger rempli d'arbres fruitiers. Un Pommier d'une hauteur prodigieuſe dominoit ſur tous les autres. Deux pommes uniques, mais d'une beauté raviſſante, en couronnoient preſque la cime. Argolan devoit s'en rendre maître ; mais il ne pouvoit y réuſſir qu'en ſecouant l'arbre & faiſant tomber les deux fruits. Il embraſſa le tronc du Pommier, & le secoüa fortement à plusieurs reprises de ses deux bras vigoureux. A la derniére secousse les deux pommes tombérent à ses pieds ; il les ramassa avec empressement.

La minute vint à sonner : douce surprise ! Il trouva à la place des pommes deux glôbes d'albâtre, d'une rondeur . . . . . . C'étoient ceux de Lucéïde, à qui cette épreuve avoit rendu toute leur blancheur & toute leur fermeté. Argolan transporté alloit y porter sa bouche, lorsqu'un autre objet qui faisoit un cruel contraste, arrêta son ardeur, lui fit quitter les deux glôbes, & l'obligea de sortir brusquement, sans oser tourner la tête.

DOUZIE'ME

DOUZIE'ME MINUTE.

Silvador rencontra le Cabinet de l'Ourse. Il en rendit graces à la Fortune. Né sauvage, il n'aimoit que les forêts, il ne cherchoit que les antres ; & dans le fond du cœur, il avoit toujours eu un penchant particulier pour les bêtes fauves. Il eut de quoi pleinement se satisfaire. Au fond du Cabinet qui étoit un repaire, une Ourse y reposoit avec toutes les graces qui lui étoient na‑turelles. Pour l'y mieux relancer, il s'étoit transformé en Lévrier ; mais loin de se jetter brutalement sur el‑le, il s'arrêta pour contempler tant de charmes, & se contenta d'a‑boïer tout bas.

L'Ourse qui se réveilla ne s'e f‑

K

faroucha point, elle resta dans la même attitude ; ses yeux même parurent se radoucir, & lui jetter un regard favorable. Notre Lévrier enhardi par un accueil si doux, s'approcha de plus près, fit mille jolis caracols autour d'elle, & la caressa par gradation. L'Ours s'y prêta en bête bien élevée, & lui rendit politesses pour politesses. Leurs civilités furent poussées si loin, qu'ils formérent ensemble l'union la plus tendre & la plus étroite.

J'entens déjà un essein de Critiques s'élever contre de si beaux nœuds, & les proscrire comme peu vraisemblables. Pour toute réponse, je les renvoie à l'ingénieux Auteur de l'*Art de faire éclorre les poulets*. Mon Conte est justifié par l'his-

toire qu'il atteste ; & l'intrigue sé-
crette de la Poule & du Lapin, est
pour le moins aussi merveilleuse
que celle de l'Ours & du Lévrier.
Il n'est point d'animaux féroces
que l'amour n'apprivoise, point
d'espéces ni de caractéres si opposés
qu'il ne rapproche & qu'il ne réu-
nisse. Tous les prodiges lui sont
possibles: c'est où son pouvoir éclat-
te.

Au son de la minute tout s'éclip-
sa, excepté la Sultane qui reprit sa
figure. Elle y avoit gagné de nouveaux charmes ; les caresses du
Lévrier avoient redressé sa taille.

TREIZIE'ME MINUTE.

Le Cabinet mal-houssé demandoit un excellent Balayeur. Le ha-

zard propice le servit à point. Il lui
donna Brocoli, surnommé le Grand
Houssoir. Ce surnom lui étoit bien
mérité. Sa taille longue, étroite, me-
nue & surmontée d'un chapeau de
plumes , en avoit toute la figure :
l'inclination y répondoit , il ba-
layoit, frottoit , nettoyoit , brossoit,
vergetoit, houssoit impitoyablement
depuis le matin jusqu'au soir. C'é-
toit son occupation favorite & son
talent de distinction. Le treiziéme
Cabinet lui fournit dequoi l'exer-
cer depuis le plafond jusqu'au par-
quet : il étoit tapissé de toilles d'arai-
gnées. Quelle bonne fortune pour
Brocoli ! Il se mit à housser de toutes ses forces , en tout sens & de
tous côtés. Il n'y eut coin ni recoin
qu'il ne visitât, qu'il ne brossât,

qu'il ne nétoyât. Il houſſa partout avec tant de rapidité, & tant d'exactitude en même tems , que tout fut net au coup de la minute.

La Reine ſe montra à ſes yeux , & le remercia de ſes ſoins. Ils avoient rallongé ſes jambes, raccourci ſes pieds, & tout rétabli juſqu'au bord de l'abîme. Son immenſité fit trembler notre Houſſeur, & l'épouvante l'obligea de ſortir plus vîte qu'il n'étoit entré , avec ſon houſſoir rappetiſſé des trois quarts.

QUATORZIE'ME MINUTE.

Le brave Taxile eut la quatorziéme minute pour ſon glorieux appanage. Vraiment Héros par ſon intrépidité , il affronta ſans pâlir le

le Cabinet du Gouffre. Cet abîme
redoutable étoit au centre de l'appartement, dont il abforboit les
deux tiers. Il étoit fans fond, & fi
rempli de fouffre & de nitre, qu'il
en fortoit des tourbillons de feu.
Cette horrible vifion n'effraya
point Taxile. Nouveau Curtius,
il fe préfenta tout armé, & fe pré-
cipita dans le Gouffre, qui bouil-
lonna de plaifir dans le même inftant. La terre trembla, & tous les
murs du Cabinet furent ébranlés
jufques aux fondemens, d'une fi
épouvantable fecouffe. La pénul-
tiéme minute frappa, la Sultane
fe rencontra plus brillante. L'abîme revomit Taxile dans un Vol-
can de flammes, & fe ferma jufqu'à
la moitié. La gloire de le combler

tout-à-fait, ou de le rétrécir au point convenable, étoit réservée au dernier tenant.

QUINZIE'ME ET DERNIE'RE MINUTE.

Le beau Rofiléon eut cet honneur fingulier : il en étoit digne. C'étoit un Génie aimable & fait pour plaire. Son caractére répondoit à fa figure : il étoit doux & prévenant. Son cœur brûloit en fécret pour la Sultane d'un feu véritable. Il ne l'avoit vue qu'un inftant au temple de Diane ; un feul regard qui s'étoit même échappé à travers un voile, avoit allumé cette flamme. Elle étoit d'autant plus violente, qu'elle avoit été jufqu'alors renfermée dans fon fein, &

qu'il n'avoit pas trouvé même un
Confident à qui il pût la déclarer.
Quand il se vit du nombre des heureux, il fut transporté de la joie
la plus vive ; mais elle fut bientôt empoisonnée par la réflexion
qui lui succéda. Il pensa en frémis-
sant qu'il avoit quatorze rivaux,
qui, tous également favorisés, devoient partager successivement son
bonheur, & peut-être le précéder.
Quelle idée douloureuse pour un
amant délicat ! Cette derniére
crainte n'étoit que trop fondée : il
eut la douleur d'être prévenu par
tous les autres, dans un chemin
qu'il eut voulu du moins leur frayer
le prémier pour sa consolation.
Mais, tout bien considéré, il y gagna. Il fut le plus, ou plutôt il fut le
seul

seul fortuné. Ses concurrens ne firent qu'embellir la victime. Ce fut pour eux une corvée plûtôt qu'un plaisir; il eut lui seul tout l'agrément du sacrifice. La derniére minute qu'il eut pour lot, étoit la plus intéressante du quart d'heure ; elle étoit vraîment celle du Berger, & ne devoit sonner que dans le Cabinet de la Pendule, où le sort favorable le conduisit. Le cœur lui battoit en entrant : le véritable amour est timide.

Une grande Pendule d'or à secondes, placée au dessus d'une console de marbre blanc , fixa ses prémiers regards. Il ne vit qu'elle, & s'en approcha d'un pas tremblant. Peu à peu il s'enhardit , l'examina d'un œil connoisseur , & la trouva parfaite. Elle étoit arrêtée. Il lut ces mots au bas du cadran : Rends moi la parole, si tu l'oses , je ferai ton bonheur. Poussé d'un beau zéle , il monte sur la console , s'arme de la clef & la met vîte sur l'heure. Il étoit minuit. Elle sonna ; mais au premier coup , elle fit un mouvement si violent , qu'elle eût renversé l'Horloger, s'il n'eût été ferme sur ses pieds. Toutes les pendules & tous les Horloges de l'Isle sonnérent à l'unisson le carillon de Dunkerque. C'étoit un concert à rendre les gens sourds ; les plus endormis en furent réveillés en sursaut.

Au dernier coup la Pendule disparut, & Rosiléon se trouva en liaison intime avec la Reine, debout sur

la confole. L'attitude étoit gênan-
te ; mais il la vit alors fi accomplie,
& elle le trouva fi beau, qu'en dépit de de la contrainte, ils fe liérent
encore plus tendrement. Vénus fut
touchée de leur ardeur ; & pour la
couronner plus commodément, elle
changea la confole en un lit gris-de-
lin, couleur qui reléve fi bien l'é-
clat des Blondes. Luceïde en fut
plus belle, & Rofiléon plus amoureux. Les minutes ne furent plus
comptées. Ils furent maîtres des
heures qui leur parurent des fecondes ; jamais nuit ne fut mieux em-
ployée. Des bras du plaifir, ils
paíferent dans ceux du fommeil ;
& des bras du fommeil, ils revo-
lerent dans le fein du plaifir ; ils fe
rendormirent encore bercés par la

L ij

volupté. Leur troisiéme réveil lui
fut confacré. Ils ne fe levérent qu'à
deux heures après midi.

La Sultane parut aux yeux de fa
Cour plus radieufe qu'un beau jour
de Printems. Vénus lui avoit rendu tous fes charmes , & l'Amour
content y avoit ajouté un nouveau
luftre. Elle étoit embellie de fon
bonheur. Ce qu'il y eut de fingulier , pour la prémiére fois , les femmes en furent charmées, & les hommes en furent fâchés. Elles donné-
rent des louanges fincéres à fa beauté revenue ; elles y trouvoient leur
avantage. Son retour venoit de ré-
tablir la leur. Pour eux , ils furent
plus modérés dans leurs éloges ; ils
n'y trouvoient pas leur compte,
particuliérement les *Petits - Maî-*

tres, qui se piquoient de beauté. Le grand nombre en reprenant leur premiere figure, y perdoient les trois quarts de leurs agrémens, sans y rien perdre de leur amour propre: que dis-je? ils n'y perdirent rien, du moins vis-à-vis d'eux. Graces à cette même vanité, ils ne voyoient plus leur laideur, qu'elle leur cachoit de son bandeau : ils se croyoient toujours également aimables. Le Public y gagnoit: ils en étoient plus sots à sa vûe ; il avoit le plaisir de rire plus fort à leurs dépens : tout n'en étoit que mieux.

Luceïde déclara Rosiléon son Sultan favori: mais en Reine généreuse, & qui sçait faire servir sa magnificence à son intérêt, elle partagea ſes bontés entre ſes quinze Gentilshommes de la Chambre, à qui elle donna tour à tour le mouchoir. Ils la ſervirent par ſemeſtre. Noir-Coquin fut le ſeul qu'elle dépouilla de ſa Charge, attendu ſon impuiſ-ſance à bien faire, n'ayant que l'odieuſe faculté de nuire. Elle mit à ſa place Candide ſon contraſte. Il allioit la probité à l'eſprit; il faiſoit de bons ouvrages, & avoit de bons procédés; il railloit ſans offenſer, il amuſoit ſans médire, & ſervoit les Dames auſſi bien qu'il les chantoit. Elle fit encore une réforme ou plû-tôt une augmentation. Elle créa quinze nouveaux Gentilshommes de la Chambre. Ses Duegnes ne furent plus que ſes complaiſan-tes. Elle fit de ſa Cour un Sérail charmant , & beaucoup plus senfé que celui du Grand - Seigneur.

Un Sérail de femmes , où régne un feul homme, eft un trifte valon, où jaillit foiblement un petit filet d'eau, qui fuffit à peine pour abreuver une ou deux brebis entre cent qui meurent de foif. Vive un Serail d'hommes, où préfide une femme ! c'eft un côteau riant, où l'on trouve une fource abondante, qui coule pour défaltérer tout le troupeau : il eft lui feul dans la Nature ; l'autre n'eft qu'un abus de la coutume , & que l'ouvrage de la tyrannie.

Luceïde établit fagement le prémier. Le Ciel l'avoit formée pour en faire les honneurs : fon mérite étoit fi vafte, qu'il fuffit à tous, &

qu'il ne fit aucun mécontent ; chacun bénit fon régne. Tous fes Officiers qui eurent part à fes graces,
louerent fa bonté, & toutes fes femmes qui l'imitérent, applaudirent fa
conduite. On voit par cet exemple
que le beau féxe eft fait pour gou-
verner le monde, & pour le rendre
heureux. Notre bienfaifance eft li-
mitée : la fienne eft fans bornes.

F I N.